A LA NATION FRANÇAISE, AUX CONSULS DE LA RÉPUBLIQUE,

A toutes les Nations maritimes du Globe ; et à toutes les Sociétés savantes de l'Europe ;

OU

Moyens propres à sauver les équipages d'une partie des Vaisseaux qui viennent échouer et périr à la côte, par les naufrages, ainsi que la meilleure partie des marchandises ; et à plusieurs autres circonstances essentielles, tant sur mer que sur terre, ou sur les rivières.

PAR DUCARNE-BLANGY.

AVEC FIGURES.

Prix, 75 centimes.

A PARIS,

Chez { L'Auteur, rue des Grands-Augustins N.° 10.
 { Mignerет, Imprimeur, rue Jacob, N.° 1186.

An 9. (1801.)

A LA NATION FRANÇAISE,

AUX CONSULS

DE LA RÉPUBLIQUE,

A toutes les Nations maritimes du Globe, et à toutes les Sociétés savantes de l'Europe;

OU

Moyens propres à sauver les équipages d'une partie des Vaisseaux qui viennent échouer et périr à la côte, par les naufrages, ainsi que la meilleure partie des marchandises; et à plusieurs autres circonstances essentielles, tant sur mer que sur terre, ou sur les rivières.

Cette adresse serait emphatique et un charlatanisme, s'il n'était pas question, dans ce Mémoire, d'un objet d'autant plus intéressant, qu'il regarde non-seulement notre Nation, mais aussi toutes les Nations maritimes du globe, ainsi que toutes les Sociétés savantes dont les membres ont un intérêt particulier à ce qu'ils ne soient pas exposés, comme je le suis depuis trop long-temps, à l'abus du pouvoir, ou de la confiance du Gouvernement, et à se voir le jouet des passions de quelques individus.

Personne n'ignore combien il périt tous les ans de milliers d'individus par les naufrages à la côte, ou au port. Les papiers publics ne sont quelquefois remplis, pendant des mois entiers, que de ces désastres, et les papiers publics ne parlent pas de la vingtième partie, peut-être, de ceux qui périssent tous les jours de cette façon. Les Chinois, les Indiens, les Russes, les Américains, etc. ne nous instruisent pas de ce qui se passe chez eux à cet égard ; nous ne sommes même instruits, par les papiers publics, que d'une très-petite partie des naufrages qui ont lieu dans notre Europe. Souvent il y est dit simplement, qu'à tel jour il a fait une tempête qui a fait périr un grand nombre de vaisseaux, sans entrer dans un plus grand détail ; et ce nombre peut aller quelquefois à plus de cent pour une seule tempête, et en un seul jour. Malheur aux infortunés qui se trouvent dans ces tristes circonstances ! il en est ordinairement peu qui ne périssent ; et il y a tel de ces vaisseaux sur lequel il peut se trouver huit, dix et douze cents hommes. Ces faits sont connus de tout le monde.

Jusqu'ici on ne connaissait d'autres moyens de salut pour ces infortunés, que de se jeter à la mer pour ceux qui savent parfaitement nager, et de gagner le bord, s'ils le pouvaient, malgré les vagues en fureur, ou de se sauver avec la chaloupe, moyens très-souvent insuffisans dans ces circonstances : mais ces moyens sont enfin trouvés ; j'y suis heureusement parvenu, sinon pour tous, tout au moins pour une bonne partie, ce qui dépend uniquement des circonstances.

J'ai trouvé même, pour cet objet si intéressant, plusieurs moyens, dont deux ont été déja éprouvés par ordre du Gouvernement avec un succès complet.

Du moment même où je me suis appliqué à la recherche de ces moyens, j'ai senti que pour parvenir à sauver les infortunés qui se trouvaient sur un vaisseau échoué et prêt à périr, il n'était question que de leur procurer, de quelque façon que ce fût, un cordeau de communication qui allât du vaisseau au rivage, et qu'au moyen de ce cordeau, qui servirait ensuite à s'en procurer de plus grands diamètres, tout l'équipage se sauverait, soit en attachant les deux bouts, l'un au vaisseau, l'autre au rivage, ce qui formerait ce qu'on appelle un *va et vient*, soit d'autres façons, que les marins connaissent bien, et qui sont détaillées dans l'ouvrage encore manuscrit, et assez considérable, que j'ai composé sur ce nouvel art si intéressant.

Lorsque cette idée me vint, je n'avais pas encore connaissance que quelque vaisseau se fût sauvé de cette façon; mais j'étais persuadé que cela devait être. Plusieurs exemples que je vis ensuite dans les voyageurs, et dans les papiers publics, de vaisseaux dont les équipages s'étaient sauvés de cette manière, me confirmèrent pleinement dans cette idée.

Nous avons, en effet, plusieurs exemples de vaisseaux dont les équipages se sont sauvés tous avec ces cordeaux de communication, et il n'y en a pas un seul dont l'équipage ne se soit pas sauvé, lorsqu'ils ont pu se procurer de ces cordages, de quelque façon que ce fût.

Parmi ces exemples, j'en prends deux, dont l'un est on ne peut pas plus récent, puisqu'il n'a que quatre ou cinq mois de date.

1.° *Histoire des Naufrages*, page 434, tome 3: « Pendant la nuit orageuse du 31 août 1777, vers les » neuf heures du soir, un vaisseau Français fut jeté » sur le galet, et échoua à trente toises de la jetée de » Dieppe. Le généreux Bouffort, matelot de cette ville, » résolut, malgré le péril extrême où il s'exposait par un » temps aussi orageux, d'aller au secours des infortunés » qui s'y trouvaient; il se ceint le corps avec une corde » dont l'autre bout était attaché à la jetée, et se préci- » pite au milieu des flots... Enfin, après plusieurs tenta- » tives inutiles, après l'avoir cru péri plusieurs fois, il

» arrive au vaisseau, s'y accroche, et y lie sa corde, qui » les sauve tous. »

2.° Le second exemple est celui du naufrage du vaisseau dans lequel se trouvait le cit. Job-Aymé, auteur de la relation qui en a paru il y a quatre ou cinq mois, et environ cent autres personnes. Le vaisseau étant venu donner contre un rocher, s'ouvrit, et resta échoué pendant dix ou douze heures. Il n'était qu'à environ vingt toises du rivage sur lequel il se trouvait beaucoup de monde, qui les regardaient sans pouvoir les secourir. Ils s'attendaient tous à une mort certaine, lorsqu'un jeune homme, courageux et humain, sachant parfaitement nager, se déshabille, s'attache une corde autour du corps, et se jette à la mer pour gagner le vaisseau, où il parvint enfin, après avoir manqué cent fois de périr, et au moyen du cordeau qu'il leur porte, sauve ces cent personnes, qui seraient toutes péries sans ce cordeau salutaire.

On voit par ces deux exemples pris dans un grand nombre d'autres, qu'il n'est donc question, pour sauver l'équipage d'un vaisseau échoué à la côte, (outre l'équipage, on sauvera également la meilleure partie des marchandises, et tout ce qui ne craindra pas d'être avarié par l'eau) que de leur procurer d'abord ce cordeau de communication, avec lequel ils en attireront d'autres d'un plus grand diamètre, qui les sauveront tous ; or, j'ai trouvé heureusement, non-seulement un seul, mais plusieurs moyens de le faire. 1.° Le premier en date est celui d'une bombe. On attache un bout du cordeau à l'un des anneaux de la bombe, on place cette bombe dans le mortier, les anneaux et la corde en dehors ; on incline les anneaux jusqu'à la partie inférieure de la bouche du mortier ; on laisse pendue la corde à terre, on l'étend ensuite droite sur le sol en devant du mortier, sur un espace de quatre ou cinq toises, supposé qu'on tire la bombe du rivage sur le vaisseau ; ensuite on place la corde en zig-zags de dix à douze et quinze pieds de longueur ; la bombe part, enlève la corde, la développe en s'éloignant, et la transporte sur le vaisseau par-dessus lequel la bombe passe, et y laisse tomber la corde.

Si on tire la bombe du vaisseau même sur le rivage, comme il ne s'y trouverait peut-être pas un espace suffisant en devant du mortier, pour y étendre le cordeau sur cet espace de quatre ou cinq toises, on suspend le cordeau à une pièce de bois, ou bras de potence, élevé de six à dix pieds, (plus il est élevé, et mieux c'est); alors la corde glisse avec facilité sur cette pièce de bois d'environ douze lignes de diamètre, et ne souffre presque point de frottemens en se développant. Cette corde peut être arrangée d'avance, et même six mois et un an avant qu'on soit obligé d'en faire usage; alors elle a pris son pli, et se trouve moins sujette à se déranger pendant l'opération. Tout cela est expliqué en détail dans mon ouvrage encore manuscrit, qui paraîtra le plutôt possibel ; mais cette idée est ici suffisante. (*Voyez l'explication des figures.*) Ce moyen a été éprouvé, ainsi que le suivant, par ordre du Gouvernement, avec un plein succès.

2.° Ce second moyen consiste à procurer ce cordeau au vaisseau en danger, par une fusée volante d'un grand diamètre. Quoique le précédent soit bon, celui-ci lui est encore préférable pour la facilité de l'exécution. On attache un bout du cordeau au bout de la baguette de la fusée, qui le transporte sur le vaisseau; si on tire la fusée du rivage, et qui la porte du vaisseau au rivage, si on la tire du vaisseau même sur le rivage, ce qui vaut beaucoup mieux, parce qu'on a presque toujours le vent bon, la fusée va droit; elle va loin, et transporte un cordeau de grosseur convenable : une fusée de quatre pouces, ou trois fusées de deux pouces, transporteront un cordeau de trois lignes de diamètre, à près de deux cent cinquante toises, avec le vent bon, comme il l'est presque toujours, je le répète, en la tirant du vaisseau même sur le rivage. On arrange ici le cordeau à-peu-près de même que pour la bombe, sinon qu'on est dispensé de ces quatre ou cinq toises de cordeau, placées droites devant la fusée, son départ étant moins vif; mais une attention à avoir est celle de renfermer les trois quarts, ou environ, de la baguette, dans une espèce d'étui de bois, qui n'ait que trois ou quatre lignes de grandeur de plus que la grosseur de la baguette, pour tenir la fusée droite en partant, ensorte que, retenue dans cette enveloppe, elle ne puisse aller d'un côté ni de l'autre, jusqu'à ce qu'elle ait pris sa direction, qu'alors elle ne quitte plus, et pour y placer le cordeau.

Ce second moyen est excellent, et d'une exécution facile; avec une fusée de quinze à dix-huit lignes, et un cordeau de près de trois lignes, nous allions à cent toises; mais en mettant plusieurs fusées ensemble, on irait beaucoup plus loin. C'est un moyen facile à perfectionner, en faisant un certain nombre d'expériences, que le Gouvernement ne m'a pas encore mis à portée de faire. On verra dans mon ouvrage, encore manuscrit, qu'en faisant usage de la fusée, quand même il ne se trouverait personne au rivage pour relever la corde, et faire ensuite ce qui convient, tout l'équipage ne s'en sauverait pas moins, ce qui est un objet très-important qu'il serait trop long de faire connaître ici, où je ne peux donner des choses qu'une idée succinte, pour qu'on puisse toujours faire usage des principaux moyens, en attendant que cet ouvrage paraisse.

Si on tirait la fusée du rivage, et par conséquent contre le vent, ce qui arriverait presque toujours, outre qu'elle n'irait pas si loin, le grand vent pourrait la déranger;

quoiqu'il y ait des moyens d'y remédier ; mais en la tirant du vaisseau même, où le vent est presque toujours favorable, loin que le grand vent contrarie sa marche, il lui est au contraire favorable. Je prétends même en augmenter encore la force, en plaçant au bout de la fusée une espèce de capuchon de toile ou de taffetas, la pointe en devant, dans lequel le vent s'engouffrant, comme dans un entonnoir, fera aller la fusée beaucoup plus vite et beaucoup plus loin. On fera ce capuchon plus grand ou plus petit, selon le besoin.

Il peut arriver que dans une tempête, le vent n'aille pas toujours directement, et qu'une rafalle, un tourbillon, vienne envelopper la fusée, et la déranger de sa direction (1) ; mais le temps qu'emploie la fusée à parcourir son chemin, n'étant que de deux ou trois secondes pour les petites distances, et de huit ou dix pour les plus fortes, combien cette circonstance peut-elle arriver de fois sur un cent ? Peut-être pas quatre ; et quand elle arriverait dix fois, vingt fois même, si on le veut, sur un cent, cela n'empêcherait pas le moyen d'être excellent et sûr : car, en supposant même au pis, que cette circonstance survînt vingt fois sur un cent, il y aurait encore quatre contre un à parier pour la réussite ; et comme on peut avoir plusieurs fusées dans un vaisseau, si on ne réussissait pas la première fois, on serait sûr de le faire la seconde ; il y aurait même à parier encore quatre contre un, qu'on réussirait dès la première fois. Ces fusées peuvent se garder deux ans en état de service, étant placées en un lieu sec. Pour en faire usage, on pose à terre le bout de la baguette de la fusée, où est attaché le cordeau, et environ le milieu de cette baguette,

(1) Comme la fusée a un certain poids, et qu'elle va plus vite que le vent, je ne sais s'il pourrait la déranger beaucoup.

ou de la boëte, dans laquelle elle est, sur une croix de Saint-André, dressée droite. Il ne faut donner à la fusée que quinze ou vingt degrés d'élévation, tout au contraire d'une bombe qui en a quarante-deux. Au reste, comme sur un vaisseau qui, quoiqu'échoué, a néanmoins toujours un certain mouvement, on ne peut pas donner une direction précise; quinze, vingt ou trente degrés, la fusée ira toujours plus ou moins loin.

Nous reviendrons tout-à-l'heure à ces deux moyens, dont les épreuves ont été faites avec un succès complet, pour passer aux autres que nous ne ferons qu'indiquer. 3.° Le même cordeau peut être transporté du vaisseau même sur le rivage, par un cerf-volant; 4.° par un petit ballon de six à sept pieds de diamètre; 5.° par un oiseau d'une grande envergure et d'une grande force, tel qu'un aigle, des oiseaux de proie, de différentes espèces, etc. etc. soit qu'on s'en serve encore sauvages, et sans les avoir apprivoisés, soit qu'on les ait instruits de jeunesse à gagner le rivage, en les lâchant de dessus le vaisseau; 6.° enfin, par un canon.

Des quatres autres moyens, deux n'ont pas besoin d'épreuve; ceux du petit ballon et des oiseaux d'une grande espèce, on est assuré de la réussite de ceux-là. Celui du cerf-volant présente un très-grand degré de probabilité de succès; et enfin celui d'un canon de quatre, réussira quand on en fera l'épreuve comme elle doit être faite.

Du transport du Cordeau par une Bombe.

Je reviens aux deux premiers moyens, et d'abord à celui de la bombe.

Cette bombe peut être de différente grosseur, depuis quinze pouces jusqu'à quinze lignes de diamètre; car il y a des circonstances où une petite bombette, ou espèce de gros pistolet, de quinze lignes seulement de diamètre, au lieu de quinze pouces, sera plus que suffisante pour sauver l'équipage d'un vaisseau, fût-il même de dix et douze cents hommes, soit que cette petite bombe soit lancée du vaisseau même sur le rivage, ou du rivage sur le vaisseau, ce qui dépend du plus ou moins de proximité du vaisseau. Il y en a qui viennent échouer et périr à moins de vingt-cinq toises du rivage, et quelques-uns même à quinze toises, sans qu'on puisse leur porter de secours. Au lieu d'une bombe, on peut employer un boulet avec lequel on aura coulé un anneau de fer.

L'épreuve de ce moyen, le premier en date, a été faite à la Fère, en 1791, par ordre du Gouvernement, et elle a parfaitement réussi. Nous en fîmes sept de suite; savoir, quatre avec le mortier de huit pouces de diamètre, et trois avec celui de douze, en commençant par les plus petites charges de poudre, et finissant par les plus fortes; et de ces sept, il n'en a pas manqué une seule. Les officiers de la garnison qui étaient mes commissaires, ayant jugé que ce nombre était plus que suffisant pour constater la réalité de cette découverte (la principale question était de savoir si la corde ne casserait pas, comme le croyait tout le corps des officiers); on n'en fit pas davantage. Il y a un procès-verbal de ces épreuves, signé de tous les officiers du génie alors en garnison dans cette ville, qui est entre mes mains.

De plus, dans le courant du mois d'août de 1792, la Société libre du point central des Sciences et des Arts, dont j'ai l'honneur d'être membre, ayant été curieuse de voir répéter ici ces expériences, qu'ils ont jugées très-importantes, nous les fîmes au jardin des Chartreux, avec un mortier de six à sept pouces; elles y réussirent comme elles l'avaient fait à la Fère.

Nous y en fîmes même une particulière à laquelle je n'avais pas pensé alors; nous fûmes curieux de savoir si une corde de six ou sept lignes de diamètre ne cassant pas, une petite ficelle de trois quarts de ligne résisterait, et elle a résisté (1). Nous en fîmes deux ou trois épreuves. Presque tous les membres de la Société y étaient, et entr'autres les citoyens Desaudray, Trouville, Dumas, etc.

Il est donc bien constaté, et autant que chose au monde puisse l'être, qu'une bombe grosse ou petite transporte un cordeau depuis le point de son départ, jusqu'à celui de sa destination, sans que le cordeau casse.

On sera peut-être surpris de me voir appuyer si fortement sur cet objet; mais les hommes avec qui j'ai affaire, portant la vengeance de l'amour-propre irrité de ses propres erreurs, au point de nier que deux et deux font quatre, je ne saurais le prouver trop démonstrativement.

On peut faire usage de ce moyen sur un vaisseau de guerre, ou sur un vaisseau marchand.

1.° Sur un vaisseau de guerre monté quelquefois de dix et douze cents hommes, dont la vie est précieuse à la nation, on peut faire usage de bombes d'un grand calibre. Lorsqu'il est question de la vie d'un si grand nombre d'hommes, on n'a pas égard à un peu plus ou moins de

(1) Cette épreuve que nous aurions dû faire avec celles qui ont été faites à la Fère, est très-importante. Comme la bombe va plus ou moins loin, selon que le cordeau est plus ou moins gros, cette expérience prouve qu'on pourra atteindre à une distance beaucoup plus grande que nous ne l'avons fait avec des cordes beaucoup plus grosses. Sur quoi j'observe que si la corde était trop grosse, elle casserait; la règle est qu'elle ait tout au plus autant de lignes de diamètre, que la bombe en a de pouces; mais comme cette dernière le prouve, elle peut être beaucoup plus petite, et la bombe ira beaucoup plus loin. Avec une bombe de douze pouces, et une corde de huit lignes, nous avons été à la Fère, à cent quatre-vingt-treize toises, à la charge de trente-six onces de poudre.

dépense, et comme il n'est pas là question de commerce, mais de la vie des hommes, un mortier d'un diamètre plus ou moins grand, et d'un poids plus ou moins considérable, est un petit objet pour un vaisseau de cette espèce ; on peut donc sur un vaisseau de guerre, avoir des mortiers, ou un mortier d'un grand diamètre, et en faire usage au besoin.

2.° Sur un vaisseau marchand, si on ne peut guères y placer un mortier d'un grand diamètre, qui serait embarrassant et d'un grand poids, et peu maniable, on peut tout au moins y en avoir un d'un petit diamètre, depuis quatre jusqu'à six pouces, qui, étant de fonte de fer, ne serait ni dispendieux, ni embarrassant, ni d'un grand poids, et qui serait de plus très-maniable, ensorte qu'un homme seul, s'il était petit, ou tout au plus deux hommes, s'il était de six ou sept pouces, pourraient le transporter avec facilité. Le crapaud, ou support pour le soutenir, au lieu d'être de fer, serait de bois, et composé de pièces de rapport, qu'on assemblerait au besoin, et qui n'occuperait point de place dans le vaisseau.

Quoiqu'il semble que le vaisseau de guerre doive avoir un grand avantage sur le vaisseau marchand, en ce que son mortier étant d'un plus grand diamètre, la bombe ira plus loin, cette différence est peu considérable, parce que le vaisseau de guerre tirant plus d'eau, ou s'enfonçant plus avant dans l'eau, ne pourra pas s'approcher si près du bord que le vaisseau marchand qui, tirant moins d'eau, ira échouer plus près du rivage.

Comme il y a deux circonstances principales où on peut tirer la bombe, ou du rivage sur le vaisseau, ou du vaisseau même sur le rivage, nous parlerons d'abord de cette dernière, c'est-à-dire de l'envoi de la bombe du vaisseau même sur le rivage.

1.° Nous observerons d'abord qu'un vaisseau échoué

est presqu'immobile, ou que tout au moins l'eau y ayant pénétré et y étant montée jusqu'à son niveau, le vaisseau ne change plus de place, et que son mouvement est beaucoup moins considérable que celui d'un vaisseau libre encore sur les eaux, et le jouet des vagues et de la tempête.

Si on objectait que le mortier doit être pointé à un certain degré d'élévation pour aller plus loin, et que le mouvement du vaisseau ne permettra pas d'attraper ce point juste, on aurait raison ; mais on répond que quoiqu'il fût à souhaiter que dans l'instant du départ, le mortier se trouvât au degré d'élévation convenable, c'est-à-dire à quarante-deux degrés, on a néanmoins ici un grand champ pour ce degré d'élévation, puisqu'on a depuis quinze jusqu'à soixante degrés ; ensorte que quoique le mortier ne fût élevé que de quinze degrés, ou qu'il le fût de soixante, il n'en faudrait souvent pas davantage pour faire arriver la bombe au rivage, et pour sauver tout l'équipage de ce vaisseau ; à plus forte raison si au lieu de quinze et de soixante degrés, l'élévation est de trente, quarante ou cinquante, comme il arrivera le plus souvent, ce qui dépend de l'habileté du canonnier, de même que lorsqu'il est question de tirer le canon dans un combat naval, c'est souvent l'habileté du canonnier qui fait le gain de la bataille. Ceci dépend aussi des circonstances : un vaisseau échoué peut se trouver dans une position plus ou moins favorable ; aussi n'avons-nous jamais dit que nous les sauverions tous.

Mais, dira-t-on sans doute encore, les lames d'eau, les vagues passeront de temps en temps par-dessus le vaisseau, et pourront s'opposer à l'opération : on a encore raison ; mais on aura soin de n'apporter le petit mortier sur le pont, prêt à tirer, que deux ou trois minutes avant d'y mettre le feu, et de plus, de le couvrir avec une toile cirée, pour pouvoir laisser passer la vague au cas qu'elle vint sur le vaisseau dans l'instant même où on voudrait y mettre le feu. Si c'est un grand mortier, il sera toujours couvert jusqu'au moment de l'exécution. Il faut se rappeler ce que nous avons dit que le cordeau pouvait être arrangé dans une boëte, plusieurs jours, et même plusieurs mois d'avance, prêt à être employé (1); ensorte que, au moyen de quelques précautions prises d'avance, le cordeau et le mortier pourront n'être apportés et mis en place que deux ou trois minutes avant qu'on ne mette le feu au mortier. Enfin, si le vaisseau n'est qu'à une distance de vingt à quarante toises du rivage, on fera usage d'un petit mortier de deux à trois pouces de diamètre, qu'on tirera comme on tire un fusil, en en posant le bout sur un point d'appui, ce qui sera bien plus facile.

On ne croit pas que la haine la plus envenimée puisse trouver quelque chose à dire ici, en observant toujours néanmoins qu'il peut arriver des circonstances si défavorables, qu'on ne puisse tirer aucun secours de ces moyens, ce qui sera rare et malheureux pour les infortunés qui s'y trouveront. On a déja observé qu'on ne prétendait pas les sauver tous, ce qui serait trop heureux.

L'avantage considérable qui se trouve à tirer la bombe du vaisseau même sur le rivage, est que, de quelque côté qu'elle tombe, elle tombera toujours bien, le rivage ayant de l'étendue; dix, vingt, trente toises à

---

(1) Il me faudrait le secours des figures pour faire bien comprendre cette disposition du cordeau dans une boëte triangulaire, dont l'angle aigu serait tourné du côté de la haute mer d'où vient le vent, et le côté opposé à cet angle formant la porte, ou l'ouverture par où passera le cordeau en se développant, sera tournée du côté du rivage. Cette porte n'aura que cinq à six pouces de largeur du haut en bas, et l'angle aigu n'en aura que trois. *(Voyez les figures.)*

droite ou à gauche, n'y font rien, pourvu qu'elle tombe sur le rivage; au lieu qu'étant tirée du rivage sur le vaisseau, il faut qu'elle passe par-dessus (1), ce qui ne serait pas toujours sûr si la distance était considérable; mais elle ne le sera jamais pour un vaisseau marchand sur lequel il n'y aura ordinairement que de petits mortiers.

2.° Si la bombe est tirée du rivage sur le vaisseau, il n'y aura là ni balancement du vaisseau, ni vagues qui puissent s'opposer à la justesse du tir, et à la facilité de l'exécution, soit pour un grand, soit pour un petit mortier; seulement on pourra dire que cette circonstance ne se rencontrera pas souvent, attendu qu'il faut que le vaisseau vienne échouer à portée d'un port où il y ait des mortiers et des bombes.

Cela n'arrive encore que trop souvent; nous en avons un grand nombre d'exemples, sans ceux que nous ne connaissons pas. Combien de vaisseaux qui viennent pour entrer dans un port, et qui périssent à l'entrée de ce port, ou aux environs, à une, deux, ou trois lieues, distance à laquelle il serait souvent possible de les sauver, même à quatre et cinq lieues du port, puisqu'il y en a qui restent échoués, sans enfoncer, dix et quinze heures; or, un vaisseau en danger, principalement pendant le jour, peut être apperçu à sept ou huit lieues, et peut-être plus, en mer. On le voit venir de loin, poussé à la côte par la tempête; on le suit de l'œil, et on peut, au moyen d'une petite voiture et de bons chevaux, aller au galop, l'attendre à la côte vers l'endroit où on voit qu'il peut arriver.

Mais enfin, pour que ce moyen soit d'une grande

(1) J'ai cependant trouvé le moyen de faire arriver toujours la bombe au vaisseau, et même à un vaisseau encore libre sur les eaux, allant et venant librement au gré des vagues et de la tempête, ce qui paraissait absolument impossible, ainsi que je l'ai cru moi-même long-temps. C'est ce qu'on verra dans mon ouvrage.

utilité, faut-il absolument les sauver tous ; et quoique de cent vaisseaux qui périssent, on ne puisse en sauver que quinze, même que dix, ce moyen, indépendamment des autres, ne paraîtrait-il donc pas mériter encore une attention sérieuse ; et faudra-t-il enfin laisser périr ces dix vaisseaux sous l'excellent prétexte qu'on ne peut pas les sauver tous ? Quoique le Gouvernement sache que de dix personnes tombées à l'eau, on a peine peut-être à en sauver une, cela empêche-t-il le Gouvernement d'établir des dépôts de secours pour les noyés ? Quoique le Gouvernement sache que de cent bâtimens sur lesquels il a fait établir des para-tonnerres, il n'y en ait peut-être pas un seul sur lequel le tonnerre dût tomber naturellement, cela empêche-t-il le Gouvernement de faire mettre des para-tonnerres sur les bâtimens nationaux ? Le général Rosilie, président de la commission pour les expériences, n'ignore pas cela ; et on ne pourrait être que surpris que des hommes en qui on doit supposer du bon sens, puissent raisonner ainsi.

Mais il y a un moyen de rendre ces circonstances plus communes, et ce moyen dépend du Gouvernement, qui peut faire mettre en dépôt dans tous les endroits habités le long des côtes, un petit mortier de fonte de fer de six à sept pouces, avec le cordeau et autres objets nécessaires à cette opération. Cette dépense, qui paraîtrait d'abord devoir être assez considérable, serait très-peu de chose, et n'irait pas à vingt-cinq mille francs une fois payés. Le premier vaisseau qu'on sauverait par ce moyen, payerait cette dépense peut-être au double, indépendamment de l'objet principal qui est de sauver l'équipage. En attendant que le Gouvernement ait fait cette dépense, qui produirait un si grand bien pour les vaisseaux dont les armateurs auront été assez imprudens pour n'avoir pris aucune précaution contre les naufrages, voici ce qu'on peut faire pour y suppléer :

Il faut avoir un mortier de bois dur, ou autre si on n'en a point de cette espèce. Une culasse de bois de chêne, ou d'un autre arbre, suffit pour former ce mortier; il n'est pas nécessaire qu'il en ait les dimensions précises. Ce mortier aura de six à dix pouces de diamètre.

Il peut être simplement cylindrique comme un canon: On fera un trou en terre, de deux ou trois pouces plus grand que le mortier, et de deux ou trois pieds de profondeur; on y placera le mortier incliné comme il doit l'être, et dirigé sur le vaisseau en danger. On emplira de terre sèche, et, s'il est possible, d'argile, le vide qui sera entre le mortier et le terrein environnant; on pilera bien cette terre, ensuite on chargera le mortier à l'ordinaire, et on y mettra la bombe avec son cordeau. Cette bombe ira comme si elle était lancée par un mortier ordinaire.

On aura soin de pratiquer un conduit qui aille de la superficie du terrein, jusqu'à la lumière du mortier; une amorce fraîche y mettra le feu. On aura soin de s'éloigner pour n'être pas blessé par l'explosion, car tout sautera en l'air, mais la bombe n'en ira pas moins à sa destination avec son cordeau. A défaut de bombe de fonte de fer, on peut en employer une de bois dur. Il faut avoir soin de mouiller la corde jusqu'à quatre pieds de distance de la bombe, de crainte que le feu n'y prenne. Au lieu de bois, on peut faire cette espèce de mortier de tôle, de fer blanc, d'écorce d'arbre, de terre cuite semblable à celle des briques, et de tout ce qu'on voudra, car tout sautera. On a ici l'avantage de pouvoir former ce mortier si grand et si petit qu'on le voudra. Ce moyen, à défaut de mortier, a été déja employé efficacement pour le siège d'une ville. On peut d'ailleurs en faire l'épreuve avec une ou deux onces de poudre, et un cylindre court en forme de mortier. Si c'est un boulet de bois, pour le rendre plus pesant, on peut y faire un trou avec un

terreil

ou une vrille, et y couler du plomb. Ce trou à former en terre et ces différentes opérations demanderont une heure, et peut-être deux heures de temps, mais ils n'en seront pas moins utiles pour un certain nombre de vaisseaux qui restent quelquefois huit, dix et douze heures échoués, avant d'enfoncer, tels que le second exemple dont il est parlé dans ce Mémoire.

Si, à cette dépense déja si petite pour un objet si considérable, on en ajoute une autre peu considérable encore pour une grande Nation, celle de poser des sentinelles pendant la nuit, et les jours de tempête seulement, pour observer ce qui se passe sur la mer, et voir s'il ne s'y trouve pas quelque vaisseau en danger; on sera sûr de sauver tous les ans un certain nombre de vaisseaux, qu'on sera toujours là prêt à secourir en cas de besoin, et qui paieront bien la dépense, et on préservera d'une mort cruelle les équipages de ces vaisseaux, ce qui est l'essentiel.

Comme une tempête ne donne que sur une certaine étendue de côte, qu'il peut en faire une sur la Méditerranée, sans s'étendre sur l'Océan, *et vice versâ*; que d'ailleurs ces sentinelles n'auraient lieu que pendant environ huit mois de l'année, c'est-à-dire, pendant les longues nuits, j'ai calculé à quoi pourrait aller cette dépense, qui ne passerait pas quatre ou cinq mille francs, c'est-à-dire, si peu pour un objet de cette importance, qu'à peine cela mérite-t-il attention. On sait qu'une tempête n'arrive pas tous les jours; à peine peut-on en compter vingt ou vingt-cinq par an. Si de ces vingt-cinq on en retranche sept ou huit pour les longs jours, restera huit ou dix pour la totalité de celles où on pourra placer les sentinelles, et à peine cela ira-t-il à quatre mille mille francs. Mais quel bien cela ne ferait-il pas? Cette précaution ne sauverait que trois ou quatre vaisseaux tous les ans, que ce serait encore un avantage inestimable.

Voilà des moyens pour rendre beaucoup plus fréquent l'usage de la bombe tirée du rivage.

Le général Rosilie et la commission ont connaissance de ces moyens, mais n'en laissent pas moins périr un grand nombre d'infortunés à qui ces moyens tout simples sauveraient la vie. O hommes passionnés, que je vous crois coupables !

Malgré tout ce qu'on a pu faire jusqu'ici pour étouffer cette heureuse découverte dès sa naissance et dans la suite, ce que nous venons de voir est plus que suffisant pour prouver avec évidence son utilité; mais l'application que nous allons faire de ces moyens aux deux exemples ci-devant cités, le démontre avec plus d'évidence encore. On sait que contre les faits il n'y a point de raisonnemens.

Des deux vaisseaux dont il est parlé ci-dessus, l'un n'était qu'à trente, et l'autre à vingt toises seulement du rivage. On a vu que sans le courage et l'humanité des deux individus qui se sont jetés à la nage au péril de leur vie, et qui ont porté chacun au vaisseau un cordeau qui les a sauvés, les équipages de ces deux vaisseaux, dont l'un était de plus de cent personnes, périssaient sans ressource; que par conséquent c'est au cordeau qui leur a été porté par ces deux hommes courageux, qu'ils ont dû leur salut.

Nous avons vu encore qu'il était parfaitement constaté qu'une bombe grosse, ou petite, pouvait transporter un cordeau, sans que ce cordeau cassât. Et enfin, personne n'ignore qu'on envoie une bombe où on veut, principalement si la distance n'est pas considérable, et ne passe pas, par exemple, cent, ou même cent cinquante toises.

Or, sans qu'il fût besoin que personne exposât sa vie pour sauver celle de ces deux équipages, rien était-il plus facile que de tirer une bombe du bout de la jetée de Dieppe, par-dessus le vaisseau échoué à trente toises de cette jetée, ou du rivage sur le vaisseau échoué à vingt toises seulement du bord ; ou enfin de lancer cette bombe du vaisseau même sur le rivage, éloigné de trente et de vingt toises ? Il n'était pas nécessaire, pour procurer un si grand bien, d'une bombe de douze pouces de diamètre ; une espèce de gros pistolet court, ou une petite bombette de deux pouces seulement, était plus que suffisante pour sauver les deux équipages, dont l'un était de cent personnes.

Si je voyais le citoyen général Rosilie, et ceux qui pensent ou qui disent comme lui, nier que deux et deux font quatre, je ne serais point plus surpris que de les voir ne vouloir pas convenir de cela, et de ne voir pas ce que voient tous les hommes de bon sens ; et pourquoi donc, depuis plusieurs années qu'ils ont connaissance de ces moyens, ne les ont-ils pas encore fait adopter par le Gouvernement ? Pourquoi, au contraire, les ministres, prédécesseurs de celui d'aujourd'hui, me rapportaient-ils que le citoyen Rosilie, président de la commission des épreuves, leur disait que ce moyen n'était bon à rien, et cela conformément à la même chose, que n'ont pas manqué de dire aussi les officiers du génie en garnison à la Fère, lors des expériences qui y ont été faites, et qui ont mis la même chose par écrit à la fin du procès-verbal de ces expériences, signé d'eux ; car on dirait, selon que le ministre me faisait l'honneur de me dire, que le citoyen général Rosilie les a copiés ? Pourquoi enfin, au lieu des félicitations, des encouragemens, de la protection de leurs connaissances, auxquelles le succès de ces épreuves me donnait lieu de m'attendre, n'ai-je, au contraire, depuis cette époque, éprouvé de leur part qu'obstacles toujours renaissans, que contradictions, que propos décourageans, et que persécutions jusqu'à présent ? Pourquoi, depuis plusieurs années, le citoyen général Rosilie souffre-t-il qu'il périsse des milliers d'infortunés, qu'indépendamment des autres moyens, celui seul de la bombe aurait sauvés ? Pourquoi, depuis plusieurs années, le citoyen général Rosilie a-t-il fait ce qu'il a pu pour faire rejeter par les Ministres, les autres moyens que j'ai proposés, quoique meilleurs encore que celui-ci ? pourquoi a-t-il méprisé pendant si long-temps le moyen de la fusée, que le succès des épreuves qui en ont été faites depuis, ont fait connaître comme l'un des meilleurs dont on puisse faire usage, et au sujet duquel j'ai eu l'honneur de lui adresser, inutilement, deux ou trois lettres pour lui en faire sentir tout le mérite, et la grande probabilité du succès ?

Au reste, comme il est ici question d'un objet d'autant plus important, qu'il intéresse non-seulement notre Nation, mais toutes les Nations maritimes du globe, le public a lieu de se flatter que le citoyen Rosilie, chef de la commission des épreuves, voudra bien le détromper et lui faire voir que ce qui est évident, ne l'est pas ; et que quoique le moyen de la bombe seul soit sûr en bien des circonstances, il a eu raison de dire au Gouvernement jusqu'aujourd'hui, qu'il n'était bon à rien, quoique quand même il ne serait utile qu'à faire voir jusqu'où peut aller la passion et l'injustice, il serait encore bon à quelque chose.

Mais pourquoi, peut-on dire, quel intérêt ces citoyens ont-ils à vous faire paraître tant d'animosité ? Pourquoi ? Je ne suis pas le scrutateur des cœurs ; mais s'il est permis de conjecturer, et à un homme opprimé de se plaindre des injustices que la passion lui fait éprouver, voici le pourquoi : il a fallu dix ans de persécutions pour me forcer à en instruire le public.

L'un de nos poètes (Lebrun) dit quelque part : *L'amour-propre offensé ne pardonne jamais.* La vérité de cette sentence ne se vérifie que trop bien à mon égard.

Lorsque j'eus conçu l'idée du transport d'un cordeau par le moyen d'une bombe, il m'en vint une autre : la corde ne cassera-t-elle pas par la force de l'explosion et la vivacité du départ ? Quoique j'eusse l'espoir que non, cette question m'inquiétait ; et ne voulant pas m'en rapporter à moi seul, je consultai quelques officiers de mérite, alors en garnison à la Fère, pour savoir leur sentiment et celui des autres officiers du corps du génie, qui s'y trouvaient aussi. La réponse fut que la corde casserait nécessairement, qu'il ne fallait pas y penser, et que c'était le sentiment de presque tous. Voilà, comme on le voit, une décision formelle ; mais malgré cette décision, les épreuves ont été faites, et la corde n'a pas cassé ; et voilà, plus que probablement, l'origine des obstacles toujours renaissans, des contradictions continuelles, et des persécutions que j'éprouve depuis cette époque jusqu'aujourd'hui. Je ne peux attribuer qu'à ce motif l'animosité qu'on m'a toujours fait paraître en toutes manières, et particulièrement en cachant avec soin au Gouvernement, non-seulement le succès de ces épreuves, mais en lui disant au contraire qu'elles n'avaient pas réussi ; ensorte que m'étant présenté quelque temps après au bureau de la guerre, il me fut dit, tout en y entrant : Hé bien ! vos épreuves n'ont donc pas réussi ? — Comment, pas réussi ! mais je viens, Messieurs, pour avoir l'honneur de vous rendre compte de leur succès qui a été complet ; j'en ai le procès-verbal signé de tous ces Messieurs. — Quoi ! le succès ! qu'est-ce que vous dites ? Il est venu ici plusieurs de ces officiers présens à ces expériences, qui nous ont dit qu'elles étaient presque toutes manquées ; vous sentez que nous les en croirons de préférence à vous qui êtes intéressé à la chose. Je vis bien alors que je perdrais le temps à insister, et je sortis dans la résolution de rendre le procès-verbal public, mais mortifié, je l'avoue, de l'excès où la vengeance de l'amour-propre irrité paraissait déjà conduire ces Messieurs, et craignant dès-lors d'éprouver tout ce que j'ai effectivement éprouvé depuis; mais je ne m'attendais pas que ce serait sitôt; car ils n'ont pas perdu de temps; puisqu'ils ont commencé à m'en donner des preuves trop convaincantes dès le jour même de ces expériences, par des observations d'une espèce particulière, placées à la fin du procès-verbal, immédiatement avant leur signature: en voici deux; je ne les rends enfin publiques depuis dix ans, que parce qu'on m'y force malgré moi.

1.° « L'opinion unanime des officiers d'artillerie » présens aux expériences du sieur Ducarne, est que la » bombe n'ayant été qu'à cent quatre-vingt-treize toises » avec une charge de trente-six onces de poudre, on ne » peut en tirer aucun parti avantageux. »

2.° La corde n'ayant pas cassé à la charge de trente-six onces de poudre, il est aisé d'en conclure qu'elle se fût cassée à une plus forte charge, car elle n'a pas cassé à soixante onces.

1.° On voit d'abord que ces Messieurs sont assez d'accord ici avec le général Rosilie; ils se seraient donné le mot, qu'ils ne se seraient pas rencontrés plus juste: selon l'un et l'autre, ce moyen ne peut être bon à rien; mais malheureusement pour cette décision, on a vu, par la lecture de ce Mémoire, et par des raisonnemens et par des exemples, qu'au lieu de cent quatre-vingt-treize toises, la bombe n'eût transporté cette corde qu'à quatre-vingt-treize toises, ce moyen eût été encore bon à quelque chose, c'est-à-dire, d'une grande utilité; puisque de tous les vaisseaux qui viennent échouer à la côte, il y en a peut-être plus d'un tiers qui le font à moins de cent toises, et un certain nombre à moins de cinquante toises du rivage, d'autres à vingt toises.

2.° Il est vrai que c'est moi, et non ces Messieurs,

qui ai ajouté ces mots, *car elle n'a pas cassé à soixante onces*; mais il m'était bien permis de le faire, puisque, selon le procès-verbal, elle n'a effectivement pas cassé à soixante onces. Je laisse à mes lecteurs à qualifier eux-mêmes ces raisonnemens, comme ils l'entendront; mais assurément ils ne sont pas propres à faire voir la justice, et l'impartialité de ces citoyens, non plus que la justesse de leurs raisonnemens.

Il me serait facile de donner d'autres preuves des bonnes dispositions de ces citoyens à mon égard; mais je ne peux passer sous silence celle que m'a donné des siennes le citoyen général Rosilie. Il était venu à Vincennes être présent à des épreuves pour le transport du cordeau par un boulet lancé par un canon. Sur ce que j'avais insisté plusieurs fois inutilement à ce qu'on voulût bien observer ce que je croyais nécessaire pour leur réussite, le général Rosilie voyant que la plupart des épreuves étaient manquées, et croyant sans doute qu'on ne risquait plus rien à me laisser faire: laissez, laissez, dit-il, faire le citoyen comme il l'entend, afin qu'il ne vienne pas davantage *tourmenter* le Ministre (1). Ces douces

---

(1) Il est étonnant que ce soit le fils d'un étranger, (le père du citoyen Rosilie était italien), qui, au lieu d'encourager les Français à travailler pour l'utilité de leur patrie, vienne au contraire chercher à les décourager par un ton et des expressions peu convenables, ce qui n'empêcha pas le Ministre d'ordonner de nouvelles épreuves, sans être *tourmenté*. Mais malgré l'ordre du Ministre, on parvint à rendre encore ces épreuves inutiles, ou plutôt on fit si bien qu'elles n'eurent pas lieu. Les obstacles qu'on y opposa sont d'une nature si singulière, qu'on aurait peine à y ajouter foi; je ne m'y serais assurément pas attendu. D'abord depuis l'époque de l'ordre du Ministre jusqu'au jour de l'exécution, on a commencé par laisser écouler onze mois, ni plus ni moins, ensorte que je n'y pensais presque plus. 2.° Ensuite le jour de l'exécution pris, m'étant rendu sur les lieux, je ne fus pas peu surpris de n'y trouver rien de ce que j'avais demandé pour leur exécution; au citoyen

paroles étaient, comme on le voit, on ne peut pas plus propres à encourager l'auteur; et ce citoyen n'a guères cessé depuis de me donner de nouvelles preuves de ses bonnes dispositions à mon égard, parmi lesquelles je crois pouvoir mettre encore ici l'avis de ce général, exprimé d'un ton qui n'aime pas à être contredit, qu'il fallait que les épreuves du transport du cordeau par une fusée, faites l'an passé avec tant de succès, fussent répétées à Brest, avis qu'il a ouvert seul et soutenu seul; avis par lequel je vais faire voir qu'il a été directement contre ses propres principes, et contre les intérêts de la Nation, tant la passion peut dénaturer les choses.

Du transport du Cordeau par une fusée volante.

L'épreuve de ce moyen a été faite à Meudon l'année dernière; elle a réussi au-delà de ce qu'on en attendait, mais avant même qu'on ne la fit, le citoyen général Rosilie, président de la commission des épreuves relativement à la Marine, qui depuis long-temps m'avait donné lieu de le regarder comme peu favorablement disposé à mon égard, observa, et d'un ton à faire voir qu'il enten-

---

Scherer, inspecteur du travail des ouvriers de l'arsenal, quoiqu'il m'eût fait voir quelque temps auparavant, à moitié faite, une pièce que je lui avais demandée; ensorte que je fus obligé de m'en retourner sans avoir pu les faire. On peut voir le détail de tout cela dans une lettre imprimée, adressée au général ***, mon commissaire, sur ces épreuves. Elle se trouve chez *Migneret*, imprimeur, rue Jacob, N.° 1186; et chez l'*Auteur*, rue des Grands-Augustins, N.° 10. *Prix*, 30 c. Quoique très-persuadé que ce général, homme respectable à tous égards, n'entrât pour rien en tout cela, je crains de ne l'avoir pas fait sentir assez fortement dans cette lettre, et je suis bien aise de trouver l'occasion de le faire ici.

dait que son avis fût suivi, que quand même cette épreuve réussirait, elle n'en devrait pas moins être répétée à Brest par une tempête; en ce cas là, lui dis-je, citoyen, il est inutile de la faire ici. Non, dit-il, attendu que si elle manquait ici, on serait dispensé de la dépense d'aller la faire à Brest; et il avait raison. Sur quoi je lui dis qu'au lieu d'aller à Brest, on pouvait la faire ici également par un jour de tempête, ce qui reviendrait au même; mais ce n'était pas là ses intentions. Non, dit-il encore, attendu que le grand vent de Brest, *rabatant*, c'est son expression, rabattrait la fusée dans l'eau. Après une raison si péremptoire, je n'avais plus rien à dire, et d'autant moins qu'après les obstacles toujours renaissans, et toutes les persécutions que j'avais essuyées depuis huit ou dix ans, j'étais prévenu il y avait long-temps, que quelque bon, quelque parfait que pût être ce que je proposerais, on m'attendait là, c'est-à-dire qu'on exigerait la répétition à Brest, et comme on le voit on n'y a pas manqué; ensorte que quoique les deux autres commissaires ne me parussent pas de son avis, exprimé d'un ton qui ne veut pas être contredit, quoiqu'ils ne pussent ensuite s'empêcher de dire à chaque expérience que cette découverte était précieuse, le rapport n'en a pas moins été, qu'il fallait que la répétition s'en fit à Brest, parce qu'on s'avait que par ce moyen, on me renvoyait aux calendes grecques. La preuve de ces louables intentions, c'est que depuis dix-huit ou vingt mois que ces épreuves ont été faites, cette répétition n'a pas encore eu lieu, et qu'on ne parait même guères y penser.

Voilà où en sont les choses relativement aux épreuves qui ont été faites de ce moyen, quelque bons qu'ils les aient jugés eux-mêmes; sur quoi j'observe qu'en ouvrant cet avis, le citoyen général Rosilie, qui m'a déja donné tant de preuves de ses bonnes intentions, a été directement ici contre ses propres principes, et contre les intérêts de la Nation ; et qu'enfin la répétition de ces épreuves à Brest, est une chose absolument inutile. C'est ce qu'il faut prouver.

Le général Rosilie a été ici contre ses propres principes, et contre les intérêts de la Nation. En effet, pourquoi, selon lui, fallait-il que la première épreuve fût d'abord faite ici et non à Brest ? Afin, disait-il, que dans le cas où elle ne réussirait pas ici, on fût dispensé de celle de Brest, qui est bien plus dispendieuse, et cela est vrai ; mais si cela est vrai pour cette première épreuve, pourquoi cela ne l'est-il plus pour cette seconde que je proposais de faire ici un jour de tempête ; qui, de même, si elle ne réussissait pas ici, dispenserait aussi de celle de Brest, beaucoup plus dispendieuse ? car outre le voyage, il faudrait que je restasse à Brest deux et trois mois, et peut-être plus, pour y attendre un jour de tempête.

Eh quoi ! citoyen général, auriez-vous donc deux poids et deux mesures selon le besoin ? Ou vous voudrez bien avoir la complaisance de nous faire voir la raison de cette différence dans vos principes, qui tantôt paraissent avoir des égards à l'économie pour la Nation, et ensuite n'ont plus aucuns de ces égards. Nous attendons l'explication de cette opposition des principes du citoyen général Rosilie, s'il veut bien prendre la peine de nous la donner. Je crois que je la donnerais bien cette explication ; mais il vaut mieux attendre qu'il veuille bien nous la donner lui-même.

Quant à ce grand vent de Brest, *rabattant*, il serait question de savoir ce que veut dire ici le général Rosilie ; entend-il que ce vent soit continuel, ou simplement accidentel ? S'il dit qu'il est continuel, il n'y a plus rien à dire ; mais voilà un grand vent de Brest bien singulier : tout au contraire de la nature des vents de tous les autres lieux du globe, qui vont horizontalement, celui-ci va en rabattant ; mais comme ce moyen n'est pas destiné pour Brest seulement, mais pour toutes les côtes maritimes du globe, il pourra encore être bon à quelque chose ; si au contraire il n'est qu'accidentel, ce n'est rien ; ce n'est plus qu'une exception à la règle. (Voyez ce que nous avons dit sur ce point, page 7, où nous avons prévenu d'avance cette prétendue difficulté.)

Enfin, je prie le lecteur d'être bien persuadé que si jusqu'ici le Gouvernement n'a pas encore été instruit du succès et de l'extrême utilité de cette découverte, qu'on lui a au contraire toujours cachée avec soin, ce n'est pas que ces moyens ne soient pas bons ; mais c'est au contraire parce qu'ils sont trop bons au gré d'un certain nombre d'individus ; mais j'avoue qu'aimant sincèrement ma patrie, et jaloux de ce qui peut contribuer à sa gloire, je ne verrais qu'avec peine que par l'effet de la passion de quelques individus, les Nations étrangères nous fissent rougir en nous prévenant dans l'emploi de ces moyens, dont tous les hommes de bon sens reconnaissent l'utilité ; car heureusement que pour pouvoir juger sainement de cette utilité, il n'est pas nécessaire d'être un habile marin, et qu'il ne faut que du bon sens (1), sans quoi cette belle découverte fût peut-être rentrée dans le néant pour toujours ; et en exposant les pièces de ce procès sous les yeux du public, je vais jouir enfin d'un avantage dont j'ai toujours été privé jusqu'ici,

---

(1) La seule chose où il eût été nécessaire d'être marin pour juger de ceci, est la question de savoir si l'équipage d'un vaisseau échoué, peut se sauver avec des cordes de communication du vaisseau au rivage ; mais c'est ce que nous savons par le fait et par plusieurs exemples : ce qui nous suffit, n'ayant point de connaissance qu'aucun vaisseau qui ait eu cet avantage, ne se soit pas sauvé. Il n'est pas nécessaire que j'aie été à la Chine, pour savoir qu'on va tous les ans à la Chine : tout homme de bon sens peut donc juger de ceci comme le plus habile marin.

de l'avantage inestimable que ceux qu'on me donnait pour juges, ne seront plus tout ensemble mes juges et parties, et parties très-envenimées : j'aurai, au contraire, un juge équitable et non passionné, qui ne verra pas sans indignation périr plus long-temps des milliers d'infortunés, par suite de l'amour-propre irrité de quelques particuliers.

Heureusement nous sommes aujourd'hui sous un Gouvernement juste et équitable, ami des sciences et des arts, et les protégeant; qui rendra justice à l'auteur d'une découverte si intéressante, et ne souffrira pas qu'il soit plus long-temps la victime de l'injustice et de l'inhumanité.

Je finis par une réflexion générale de J. J. Rousseau, que les plus belles découvertes ont toujours été celles qui ont éprouvé le plus de contradictions, et par un trait d'histoire qui a un rapport tout particulier avec l'objet de ce Mémoire. *Voltaire, siècle de Louis XIV* : « Le roi se » vengea d'Alger avec le secours d'un art nouveau, dont » la découverte fut due à cette attention qu'il avait » d'exciter tous les génies de son siècle. Cet art funeste » est celui des galiottes à bombes. Il y avait un jeune » homme nommé Bernard Renaud, qui, sans avoir jamais » servi sur les vaisseaux, était un excellent marin à force » de génie; il osa proposer, dans le conseil, de bom- » barder Alger. On n'avait pas d'idée que les mortiers à » bombe pussent n'être pas posés sur un terrein solide. » La proposition révolta, il essuya les contradictions et » railleries que tout inventeur doit attendre, mais sa » fermeté et cette éloquence qu'ont d'ordinaire les » hommes vivement frappés de leurs inventions, déter- » minèrent le roi, et Alger fut bombardé. »

Si jusqu'ici je n'ai pas encore fait imprimer l'ouvrage assez étendu que j'ai composé sur cet objet si intéressant, c'est que cet ouvrage étant fait pour procurer un grand bien à la Nation, et la gloire de procurer le même avantage aux autres Nations maritimes, je me suis flatté que pour première reconnaissance, ma Nation voudrait bien faire elle-même les frais de l'impression et des gravures nécessaires.

On verra dans cet ouvrage beaucoup de moyens de perfection, qu'une application constante à cet objet, que j'ai toujours regardé comme très-important, m'a fait imaginer.

Le fait suivant que je viens de voir dans les papiers publics, est on ne peut pas plus propre à faire connaître l'esprit qui anime les hommes passionnés qui me rendent depuis trop long-temps la victime de l'amour-propre irrité de ses propres erreurs.

On a découvert il y a quelques années dans les environs de la ville de Pise, une terre si légère, qu'on en fait des briques qui surnagent l'eau comme le bois; en conséquence, on a pensé qu'en renfermant exactement la sainte-barbe d'un vaisseau, d'une muraille faite avec ces briques, lorsqu'un vaisseau serait en feu, il ne prendrait pas à la poudre. On en fit l'épreuve à Livourne, sur un vieux vaisseau dont on environna la sainte-barbe d'une grande quantité de matières combustibles, et la poudre resta intacte, le feu n'y prit pas.

On voit par cet exemple, que quelque dispendieuse que pût être cette épreuve, on n'attendit pas long-temps à la faire.

Or, de cent vaisseaux qui périssent par le feu et par les naufrages, il en périt au moins quatre-vingt-dix par les naufrages, contre dix qui le feront par le feu. Cependant on s'est empressé de faire cette épreuve à Livourne, dès qu'on eut découvert cette terre légère, lorsque, depuis dix ans, des hommes passionnés laissent dans l'oubli, et anéantiraient, s'il était en leur pouvoir, des expériences propres à sauver un nombre d'individus infiniment plus considérable qu'on ne peut le faire avec le moyen éprouvé à Livourne, et dont l'épreuve a été néanmoins beaucoup plus dispendieuse.

A Livourne, on s'empresse de faire des épreuves dispendieuses, propres à sauver la vie à cent personnes, et en France qui est bien autre chose que la ville de Livourne, on ne veut pas en faire, depuis dix ans, d'infiniment moins dispendieuses, qui sauveraient la vie à deux mille personnes; et de plus on cache avec soin au Gouvernement et au public, le succès de celles qui ont déja été faites, et qui auraient préservé d'une mort cruelle des milliers d'infortunés. Qu'on accorde cela, si on le peut, avec la justice et l'humanité.

P. S. En parlant de l'envoi d'une bombe du vaisseau sur le rivage, j'ai oublié d'observer que si au lieu d'une bombe, on préfère un canon sur le vaisseau, on peut y en avoir un très-court, pas plus long qu'un mortier, et qui servirait de canon au besoin, à la seule différence de portée près; il peut être de quatre à douze pouces de diamètre. On peut l'alonger de six à huit, ou dix pouces, en observant, lorsqu'on serait dans le cas d'en faire usage pour le naufrage, de placer entre la bourre et la bombe, ou le boulet, un cylindre de bois léger de six à dix pouces aussi de longueur, et du diamètre du canon.

J'avais fait faire exprès à un grand fourneau de forge pour mes expériences particulières, un canon très-court de cette espèce, de quatre pouces de diamètre; nous y mettions huit et dix onces de bonne poudre, au lieu de cinq ou six qu'il fallait seulement, et le cordeau qui était de quatre lignes n'a jamais cassé. Nous n'y faisions d'autres façons que d'en enfoncer un peu la culasse en terre. Avec un canon de cette espèce, on aura l'avantage qu'il pourra servir pour d'autres circonstances dans lesquelles, quoiqu'à une plus petite portée, il ferait son effet tout comme un autre, et que pour le naufrage on peut l'élever à quarante-deux degrés, comme le mortier.

FIN.

Continuation du Mémoire.

DEPUIS l'impression de cet ouvrage, je viens de voir dans le Journal du soir du 27 ventôse, l'article suivant :

« La Société royale d'humanité de Londres vient de » déférer le second prix de son institution à M. *Grams-* » *haw*, pour la proposition qu'il a faite de placer sur les » vaisseaux une arbalète dont la force projectile pourrait » décocher sur la côte un cordeau qui établirait un point » de communication entre des naufragés et le rivage. » Elle s'occupe maintenant du projet de créer une com- » pagnie de matelots, dont l'unique fonction serait de » chercher à préserver l'équipage d'un vaisseau en risque » de périr. »

Sur quoi je dis : la Société d'humanité de Londres vient de décerner un prix à M. *Gramshaw*, pour la simple proposition de placer, sur les vaisseaux, une arbalète qui établisse une communication entre les naufragés et le rivage, moyen propre à sauver peut-être quelques individus, moyen que j'ai rejeté dès le commencement, ainsi que celui de l'arc, des catapultes des anciens, etc. ou comme insuffisans, ou comme trop embarrassans. Et la société d'humanité de Paris cherche, depuis dix ans, par tous moyens, à me faire manquer de pain, pour avoir eu le malheur de trouver, non un seul, mais plusieurs moyens sûrs pour préserver d'une mort cruelle des milliers d'infortunés que cette Société a laissé périr depuis dix ans par humanité, indépendamment des mille millions que leur intention ne paraît être que trop visiblement de laisser périr encore dans la suite des siècles, en continuant de cacher avec soin au Gouvernement le succès et l'utilité de ces moyens. Voilà la différence.

Cette même Société d'humanité de Paris paraît chercher à s'opposer encore par tous moyens, depuis dix-huit mois, à la répétition des épreuves qui ont été faites à Meudon, pour le transport du cordeau par une fusée volante, quoique le succès en ait été au-delà de ce qu'on en attendait, et que dans leur rapport au ministère de la marine, ils n'aient pas pu s'empêcher de convenir que cette découverte était précieuse; ce qui n'empêche pas que la répétition de ces épreuves qu'ils ont demandée eux-mêmes, quoiqu'inutile, ne soit toujours restée comme dans l'oubli depuis dix-huit mois. Voilà encore la différence entre la façon de faire de la Société d'humanité de Londres et celle de la Société d'humanité de Paris. Elle attend, sans doute, que les nations voisines nous préviennent dans la répétition de ces expériences très-importantes, pour nous faire rougir de ne les avoir pas faites nous-mêmes.

Au reste, il n'est question, dans cet ouvrage, que de la circonstance des naufrages à la côte, et non des autres circonstances, tant sur mer que sur les rivières où ces moyens seront de la même utilité, parce que les bornes de ce mémoire n'ont pas permis d'en parler; mais il y en a plusieurs dont j'ai déja connaissance, indépendamment de celles que trouveront par la suite les hommes du métier.

Mais dans un moment où tout paraît se disposer à agir hostilement sur mer, j'ai cru devoir dire ici un mot sur le moyen de sauver l'équipage, ou tout au moins une partie de l'équipage d'un vaisseau qui vient de couler bas dans un combat naval. Il consiste à tirer au milieu des grouppes d'infortunés qui se sont jetés à la nage, un grand nombre de cordeaux, ou nos fusées volantes avec leurs cordeaux; ces infortunés saisiront les cordeaux avec lesquels on les amènerait au vaisseau. Un seul cordeau pourrait en sauver un grand nombre; et au moyen des bras de potence dont on voit ici la figure et la description, et qui peuvent être d'avance prêts à être employés dans l'instant même, il me semble qu'on sauverait beaucoup de monde dans cette circonstance.

Explication des Figures.

La figure 4. représente une fusée volante, 7. 7. 7. dont la baguette 5. 6. 6. 7. est supposée renfermée en partie, c'est-à-dire de 5 à 3. 3. dans une boîte de bois léger, 1. 1. 4. 4. 3. 3. 2. dont le dessus est découvert de 3. 3 à 2.

Le bout de cette boîte paraît aussi découvert de 5 à 4. 4. quoiqu'il ne doive pas l'être réellement; mais c'est afin qu'on puisse y voir la position et le bout de la baguette de la fusée, ainsi que le bout du cordeau attaché à l'anneau 5 qui est au bout de cette baguette. Il n'en est pas de même de la partie 3. 3. 2. de cette boîte qui doit rester toujours découverte. Lorsque la fusée est posée avec sa baguette dans cette boîte 1. 1. 2.; elle doit déborder la boîte de 2 à 6, c'est-à-dire de 9 à 12 pouces; car la fusée ne doit pas poser sur la boîte, mais seulement la baguette de 1. 1 à 2. On voit ici dans les parties découvertes la position du cordeau 5. 2. dans la boîte, lequel cordeau est joint à celui du bras de potence de la figure 3.

Au reste, cette boîte est destinée à empêcher la fusée de vaciller et de changer de direction dans l'instant du départ, qui se fait d'abord lentement, mais qui ne se dérange plus quand elle a pris sa force, ce qui n'est pas long.

Comme le cordeau tient la fusée en respect, et dans la direction qu'on lui a donnée d'abord, nous faisions nos baguettes plus courtes de plus du tiers qu'elles ne devaient l'être, et elles allaient bien.

Quand on veut faire usage de ces différentes pièces, on pose le bout 1. 1. à terre, ou sur le pont, et l'autre bout de la boîte sur une croix de Saint-André, ou sur un bout d'une large planche dont l'autre bout pose sur le pont, ou de toute autre façon, et on l'élève au degré convenable qui ne doit pas passer 25 ou 30 degrés tout au plus.

La Figure Troisième.

La figure 3. représente une potence 1. 3. 4, sur le bras de laquelle 3. 4. sont posés différens tours de cordeau 7. 7. qui vont de 3. 4 à 2. 5. tourner autour d'une baguette de bois léger 2. 5. destinée à empêcher le grand vent de brouiller les tours de corde. Cette baguette 2. 5. passe en 2, au travers du pied de potence en 2, au moyen d'une ouverture qu'on y a pratiquée. On ne place cette baguette au lieu où elle est ici supposée que quelques minutes avant de mettre le feu à la fusée. Cette 3.ᵉ figure représente la potence dans l'instant où on met le feu à la fusée, fig. 4. où le cordeau 5. 2. va se joindre à celui qui est suspendu au bras de potence.

La Figure Deuxième.

La figure 2. représente une boîte de planches minces et légères, 2. 2. 3. 4. destinée à y renfermer la figure 3. que nous venons de décrire, dans l'instant même du départ et de la course de la fusée, afin d'empêcher le grand vent d'y déranger les tours de corde, lorsque, dans l'instant même où la fusée partira, on retirera par l'ouverture 2. fig. 3. et 2. la baguette qu'on y a mise quelques minutes auparavant.

Cette boîte est précisément un livre posé verticalement dans le sens de sa hauteur, dont le dos 1. 2. 2. est tourné du côté de la mer d'où vient le vent, et le côté opposé servant de porte, du côté du rivage par où sort le cordeau.

Ce côté, 3. 6. 4. fig. 2. qui sert de porte, est représenté ici fermé, mais on doit le supposer ouvert de 5 à 6 pouces, pour y laisser passer le cordeau transporté par la fusée.

On a laissé le haut de la boîte découvert, afin qu'on pût y voir le bras de potence et les tours de corde qui posent dessus; car, dans l'instant de l'opération, ce dessus doit être fermé.

La partie 1. 2. fig. 2. qui déborde la boîte de 10 à 12 pouces, est destinée à entrer dans un trou pratiqué d'avance dans l'épaisseur du pont. Cette boîte dans laquelle est censée renfermée la fig. 3., se place 2 ou 3 pieds en avant du bout de la fusée, à-peu-près comme est représentée ici la fig. 3., relativement à la fusée, et à 12 ou 15 pouces à droite ou à gauche de la ligne que doit parcourir la fusée.

Si au lieu d'une fusée on faisait usage d'une bombe ou d'un boulet; au lieu de 3 pieds, il faudrait placer la boîte à 4 ou 5 toises en devant du mortier, et la mettre à 2 ou 3 pieds de la ligne que doit parcourir la bombe.

Une attention utile, serait de pouvoir, aussitôt après le coup parti, rapprocher de cette ligne le bout du bras de potence, afin que la bombe tire la corde plus directement, ce qui n'est pas difficile à imaginer.

Au reste, le pied de cette potence est supposé de 3 pouces quarrés, le bras d'un pouce, et son bout enchâssé dans l'épaisseur du pied, et la porte de 2 ou 3 pouces plus grande que le fond de la boîte, afin d'éviter les frottemens.

Nota. Jusqu'ici nous avons supposé qu'on tirait la bombe ou la fusée du vaisseau même sur le rivage; et dans ce cas, le vent est presque toujours favorable; mais si on les tirait du rivage, ou que le vent fût contraire, au lieu de 5 ou 6 pouces d'ouverture du haut en bas de la boîte, il ne faudrait lui en laisser qu'un pouce, afin que le vent y entrât difficilement; mais alors on peut ne retirer la baguette qui tient les tours de corde en respect, qu'à mesure que le cordeau se développe, ce qui n'est pas difficile, pour peu qu'on ait d'intelligence.

La Figure Première.

La fig. 1.re représente la fig. 3. à laquelle on a ajouté le montant 4. 5. et la traverse 5. 6. ce qui forme alors un chassis autour duquel passent les tours de corde de 2. 3. et de 4. à 5. Le cordeau peut y être arrangé tout prêt, comme on le voit ici, même deux ans d'avance si on le veut. Plus il sera de temps sur ce chassis, mieux il y aura pris son pli, et moins il sera sujet à se déranger dans l'opération. On a encore ici l'avantage inestimable que, si on est pressé, en 3 ou 4 minutes tout est prêt.

Ce bras de potence ne saurait être trop élevé, mais 7 à 8 pieds suffisent, et on peut en avoir deux à côté l'un de l'autre. Le bras de la potence peut avoir de 20 à 25 pouces de longueur, selon le plus ou le moins de grosseur de la corde.

Le montant 4. 5. et la traverse 5. 6. sont mobiles, et simplement cloués ou chevillés sur le bout du bras de potence, et sur les deux bouts du montant et de la traverse, qui passe au travers du pied de potence en 2 par une ouverture qu'on y a pratiquée. On retire ces deux pièces un quart-d'heure avant l'opération, avec l'attention de passer la baguette dans les tours de corde, comme on le voit en 2. 5. de la fig. 3. avant de retirer la traverse, dont cette baguette doit prendre la place.

(Il faut affranchir les lettres, sans quoi elles resteraient au rebut.)

www.ingramcontent.com/pod-product-compliance
Ingram Content Group UK Ltd.
Pitfield, Milton Keynes, MK11 3LW, UK
UKHW022152170726
13837UKWH00004B/1948